BEI GRIN MACHT SICH IHR
WISSEN BEZAHLT

AF152880

- Wir veröffentlichen Ihre Hausarbeit,
  Bachelor- und Masterarbeit

- Ihr eigenes eBook und Buch -
  weltweit in allen wichtigen Shops

- Verdienen Sie an jedem Verkauf

Jetzt bei www.GRIN.com hochladen
und kostenlos publizieren

Bibliografische Information der Deutschen Nationalbibliothek:

Die Deutsche Bibliothek verzeichnet diese Publikation in der Deutschen National-
bibliografie; detaillierte bibliografische Daten sind im Internet über http://dnb.d-
nb.de/ abrufbar.

Impressum:

Copyright © 2008 GRIN Verlag, Open Publishing GmbH
Druck und Bindung: Books on Demand GmbH, Norderstedt Germany
ISBN: 9783640468751

Dieses Buch bei GRIN:

http://www.grin.com/de/e-book/137719/der-schwache-schueler-im-sportunterricht-
und-seine-sportpaedagogische-betreuung

Christian Stuhlfauth

Der schwache Schüler im Sportunterricht und seine sportpädagogische Betreuung

GRIN Verlag

GRIN - Your knowledge has value

Der GRIN Verlag publiziert seit 1998 wissenschaftliche Arbeiten von Studenten, Hochschullehrern und anderen Akademikern als eBook und gedrucktes Buch. Die Verlagswebsite www.grin.com ist die ideale Plattform zur Veröffentlichung von Hausarbeiten, Abschlussarbeiten, wissenschaftlichen Aufsätzen, Dissertationen und Fachbüchern.

Besuchen Sie uns im Internet:

http://www.grin.com/

http://www.facebook.com/grincom

http://www.twitter.com/grin_com

Universität Koblenz- Landau, Abt. Landau

Institut für Sportwissenschaft

Seminar: Spezielle Sportdidaktik der Sekundarstufe I

WS 2007/2008

Der schwache Schüler im Sportunterricht und seine sportpädagogische Betreuung

Vorgelegt durch:

Christian Stuhlfauth

Lehramt Realschule, 3. Fachsemester

Tobias Knittel

Lehramt Realschule

Inhaltsverzeichnis:

1 Der schwache Schüler im Sportunterricht

Der erste Teil der Ausarbeitung nimmt Bezug auf den ersten Teil des Referates, nämlich „Der schwache Schüler im Sportunterricht". In einem ersten Schritt werden verschiedene Definitionen des Begriffs der Schwäche aufgeführt, die dann im nächsten Schritt kritisch betrachtet und analysiert werden. Im dritten Schritt werden Ursachen und Genese der Leistungsschwäche vorgestellt und erläutert, im letzten Schritt wird versucht, ein Bild des leistungsschwachen Schülers zu zeichnen.

1.1 Definitionen der Schwäche / Leistungsschwäche

Die vorhandene Literatur hat Definitionen, die alle unterschiedliche Kriterien für den Begriff der Schwäche und Leistungsschwäche zugrunde legen. Der Begriff „schwach" findet sich nur selten, meistens liest man „sportschwach", „leistungsschwach" oder „zurückgeblieben", d.h. die eigentliche Schwäche wird hier schon inhaltlich präzisiert.

So in einem Zeitschriftenbeitrag bei Hempfer :

„…durch kontinuierliche Schwächen oder entwicklungsbedingte Störungen physischer oder psychischer Art in ihrer körperlichen Leistungsfähigkeit unter dem Durchschnitt der Kameraden liegen" (Grotefent 1969, S. 80).

Hier wird als Maßstab der Vergleich mit den Klassenkameraden herangezogen.

Folgende Definition sieht als Kriterium der Leistungsschwäche ein Messen am Lehrplan vor:

„ Zurückbleiben liegt dann vor, wenn Schüler im Unterricht, gemessen an den objektiven Lehrplananforderungen, nicht in befriedigender Weise vorankommen" (Götze / Blum, 1972, S. 229).

Bezüglich der körperlichen Leistungsfähigkeit, also unter medizinischen Aspekten betrachtet, ist folgende Definition:

„… wenn die funktionelle Aktivität seiner Organe unter ein kritisches Minimum sinkt, wenn zum Beispiel nur 30 % der Maximalkraft oder nur 50 % der maximalen Herz-Kreislauf-Leistung beansprucht werden" (Hollmann, 1980).

Eine letzte Begriffsdefinition sucht Ansatzpunkte in der Bewegungslehre, speziell im Bereich der Bewegungserfahrungen und des Bewegungslernens:

„…einfache Defizite oder Versäumnisse in Bewegungserfahrungen und Bewegungsfertigkeiten, die in das normale Mitfunktionieren in der Klasse eingreifen… und führen nicht selten zu Stigmatisierungen von Schülern, die so zu Außenseitern im Sportunterricht werden…" (Rijsdorp, 1983).

1.2 Kritische Anmerkungen

Die Gemeinsamkeit aller Definitionen ist, dass eine Erwartung gestellt ist, der der Schüler nicht gerecht wird. Auch erscheinen sie auf den ersten Blick allesamt schlüssig und überzeugend; jedoch stellen sich gewisse Probleme.

Die Sportnote als Kriterium heranzuziehen erscheint nicht als sinnvoll, da sie nur eine geringe Objektivität aufweist. Die Berücksichtigung sportlicher Disziplinen, die außerhalb der Schule möglich sind, ergeben ein ganz anderes Bild. Diese Sportarten, häufig Trendsportarten wie z.B. Skateboard, Inlineskating, Klettern, etc. sind häufig die Lieblingsdisziplinen und bleiben unberücksichtigt, während die betreffenden Schüler dort hervorragende Leistungen zeigen. Es wäre also demnach angebracht, diese Schüler mehr als „schulsportschwach" denn als generell sportschwach zu bezeichnen, da sich die Schwäche ja oft nur auf den Bereich des Schulsports bezieht. Hier sei auch ein veraltetes Sportcurriculum mit nur wenigen Teildisziplinen (Fußball, Basketball, Volleyball, Leichtathletik, Turnen) zu nennen, was oft zu der oben beschriebenen Kategorisierung führt.

Auch ein Vergleich mit den Klassenkameraden erweist sich als unzureichend für eine Kategorisierung als leistungsschwach, denn die festgestellte Schwäche bezieht sich eben nur auf die jeweiligen Disziplinen, die in einer bestimmten Schule betrieben werden. Dies zeigt sich in Hempfers Überlegungen zu Kriterien, Schüler im Sportunterricht und allgemein im Bereich des Sports als „leistungsschwach" zu kategorisieren:

Wenn wir von Leistungsschwäche sprechen, so kann diese Leistungsschwäche aufgrund der Beurteilungsmöglichkeiten nur bedeuten, dass ein als leistungsschwach festgestellter Schüler in den Disziplinen, die in einer ganz bestimmten Schule betrieben werden, deutlich unter dem Durchschnitt liegt. Es ist aber falsch und unzulässig, aufgrund dieser Feststellung und Benotung einen Schüler allgemein auf sportlichem Gebiet als leistungsschwach zu bezeichnen. Das wäre eine unzulässige Verallgemeinerung (Hempfer 1973, S. 158)

Zuletzt sei noch das Problem der „Immanenz der Schwäche" im Sportunterricht zu nennen, d.h. Es ist dem Sportunterricht sozusagen eigen, dass es schwache Schüler gibt. In keinem anderen Schulfach wie im Sportunterricht stehen die Leistungen in so enger Abhängigkeit zu den körperlichen Fähigkeiten, die weitestgehend vom Erbgut vorgegeben werden und somit durch Training nur bedingt veränderbar sind (Kraft und Ausdauer noch eher als Schnelligkeit und Schnellkraft).Der Schüler hat somit viel weniger Kompensationsmöglichkeiten, seine Leistung durch Aufmerksamkeit, Fleiß und auch Lernen zu verbessern wie beispielsweise in anderen Schulfächern. Es sollte aber angemerkt werden, dass die Bandbreite des Schulsports hier etwas ausgleichend wirkt. Weiterhin können im Sportunterricht viel mehr als in anderen Fächern Vorkenntnisse und Vorerfahrungen aus dem Bereich der Freizeit eingebracht werden; viele Schüler treiben Sport in Vereinen, bringen diese Erfahrungen mit ein und profitieren schlussendlich davon, ganz im Gegensatz zu den Nicht-Sport-Treibenden Schülern („Das, was man im Sportunterricht kann, wurde meist außerhalb des Schulsports erworben").

1.3 Ursachen und Genese der Leistungsschwäche

Die veränderte Leistungsfähigkeit der heutigen Schülerinnen und Schüler wird oft auf die viel diskutierte veränderte Kindheit zurückgeführt. Ihre Gesundheit wird mehr und mehr durch Bewegungsmangel bedroht. Zu einer, wie schon oben angesprochenen, schlechten sportlichen Veranlagung kommen noch veränderte Umweltbedingungen sowie mangelnde motorische Förderung durch das Elternhaus und oft auch durch die Schule hinzu, die die erwähnte Leistungsschwäche bedingen und fördern.

„ Jedes zweite Kind trägt die Schultüte schon mit einer Haltungsschwäche zur Schule"

„ Im Sport ist der Durchschnitt von vor zehn Jahren die Spitzenleistung von heute"

„80% der Schülerinnen und Schüler haben Muskelfunktionsstörungen, Herz-Kreislauf-Schwächen und Übergewicht, Wirbelsäulenschäden und mangelnde Koordinationsfähigkeit"

Einflussbereiche auf die motorische Entwicklung des Kindes (verändert nach Stübing 1981)

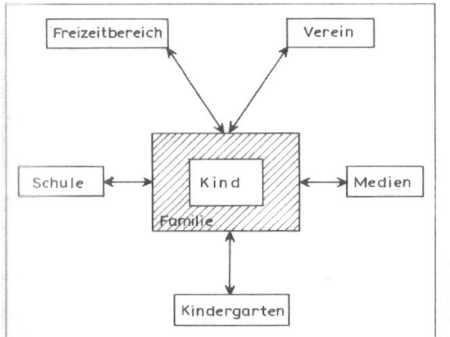

Abb. 3
Einflußbereiche auf die
motorische Entwicklung
des Kindes (verändert
nach STÜBING 1981)

Die Ursachen sind oft vielfältig und miteinander verbunden. Zum einen sei das elterliche Erziehungsverhalten zu nennen, welches entscheidend die Einstellung zu Sport und Bewegung prägt. Weiterhin spielen die Freizeitgewohnheiten der Familie im allgemeinen eine Rolle. Hinzu kommen das Umfeld und die Wohngegend, in der das Kind aufwächst, und die damit verbundenen Möglichkeiten sportlicher Betätigung. Desweiteren ist die vererbte körperliche Konstitution und die motorische Koordination zu nennen, sowie eine mögliche Krankheitsgeschichte , die entscheidend das sportliche Verhalten mit beeinflusst.

Eingeteilt werden können diese Faktoren in physisch-biologische und psychologisch-soziale.

Die Ursachen körperlicher Inaktivität und die nachfolgende Herausbildung des Circulus vitiosus „Inaktivität – funktionelle Unterbelastung – Abnahme der Organleistungsfähigkeit – vermehrte Inaktivität" verdeutlicht folgendes Schaubild:

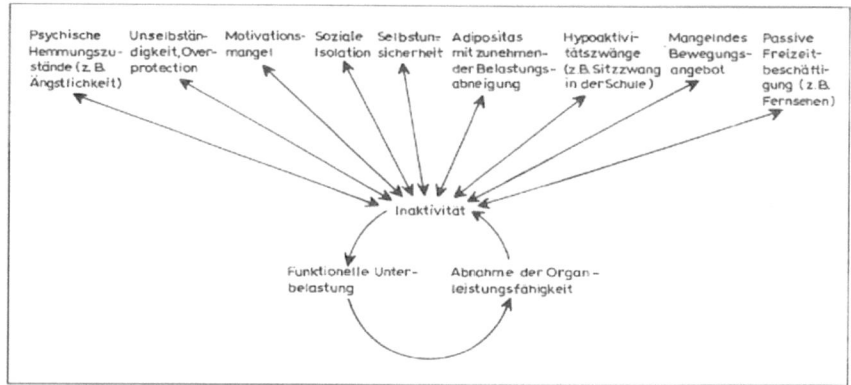

Abb. 4 Ursachen körperlicher Inaktivität und nachfolgende Herausbildung des Circulus vitiosus „Inaktivität — funktionelle Unterbelastung — Abnahme der Organleistungsfähigkeit — vermehrte Inaktivität" (nach WEINECK 1986, 306)

Einen ähnlichen „Teufelskreis" zeigt Hempfer in seinem Schaubild zur Genese der Leistungsschwäche auf:

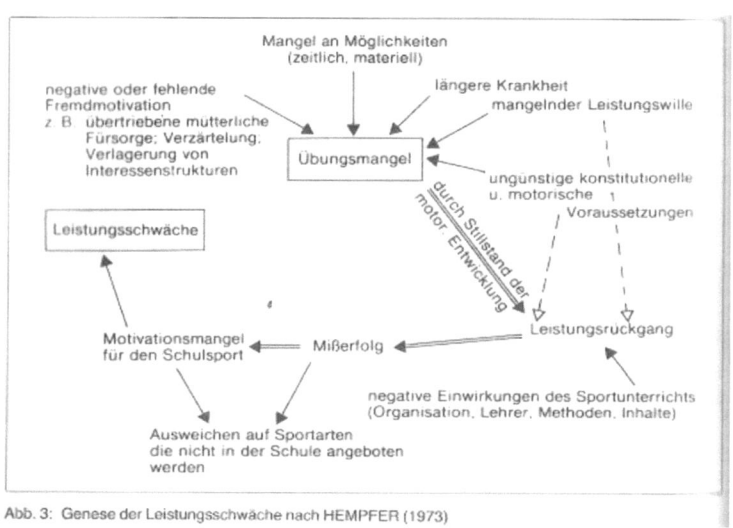

Abb. 3: Genese der Leistungsschwäche nach HEMPFER (1973)

7

1.4 Das Bild des leistungsschwachen Schülers

Ein verallgemeinerndes Bild eines leistungsschwachen Schülers ist generell nur sehr schwer zu zeichnen und daher auch rein subjektiv.

Ganz allgemein gehaltene Kriterien beziehen sich auf den Körperbau, die Motorik, den Einsatzwillen, das Sozialverhalten, das sportliche Interesse im Allgemeinen, eigene sportliche Aktivität im Besonderen und letztendlich auf das Interesse am Sportunterricht.

Söll und Kern teilen leistungsschwache Schüler, grob schematisierend, in vier Kategorien ein:

- Schüler mit körperlichen Beeinträchtigungen

Diese Beeinträchtigungen sind konkret und bedürfen professioneller Hilfe; so finden sich beispielsweise orthopädische und internistische Schäden, koordinative Störungen, erhebliches Übergewicht und andere angeborene oder erworbene Mängel.

- Generell leistungsschwache Schüler

Die generelle Leistungsschwäche zeigt sich in zwei Formen, zum einen im kleinen, schwächlichen, körperlich zurückgebliebenen Schüler, der mit seinen Klassenkameraden nicht mithalten kann, zum anderen im großen, schlaksigen, motorisch unbeholfenen und ungeschickten Schüler, der trotz Mühen den Anforderungen nicht gerecht wird.

- Partiell leistungsschwache Schüler

Die Schwächen diese Gruppe von Schülern haben oft vielfältige Ursachen. So finden sich neben konstitutionellen Faktoren wie deutliche Abweichungen in Größe und Gewicht von der Norm und genetisch bedingte physiologische Faktoren, beispielsweise bezüglich der Muskelstruktur und der Reaktion auch zivilisatorisch bedingte Defizite, speziell im Kraft- und Ausdauerbereich, aber auch Haltungsschäden.

- Sportlich gute Schüler mit gespaltenem Leistungsbild

Dieses Leistungsdefizit begründet sich auf emotionaler Ebene, denn es handelt sich um einseitig begabte Schüler. Äußern kann sich die Problematik in Desinteresse, die bis zur Verweigerung des Unterrichts geht.

Wie hier aufgezeigt wurde, ist das Bild des leistungsschwachen Schülers also äußerst komplex und weitreichend, die Übergänge sind fließend. Entsprechend differenziert sollte auch seine Sportpädagogische Betreuung sein, die im folgenden Teil behandelt wird.

2 Sportpädagogische Betreuung des leistungsschwachen Schülers

Im zweiten Teil werden, nach dem Versuch der Kategorisierung durch Söll und Kern (1999), die verschiedenen Typen der schwachen Schüler dargestellt. Hieraus werden didaktische Folgerungen abgeleitet, und zum Schluss ein Programm für ein didaktisches Handeln vorgestellt.

2.1 Der leistungsschwache Schüler in der Unterrichtspraxis

Die folgenden Ausführungen beziehen sich auf das Kapitel 2.13 in Söll/Kern (1999). Alltagsprobleme des Sportunterrichts.

Die Gruppe der leistungsschwachen Schüler lassen sich, wie bereits in 1.4 beschrieben, in vier verschiedene Kategorien einstufen; die Übergänge können natürlich fließend sein.

1) Schüler mit ganz konkreten körperlichen Beeinträchtigungen, wie etwa erheblichem Übergewicht, Störungen der koordinativen Fähigkeiten, orthopädischen oder internistischen Schäden sowie weitere angeborene oder erworbene Mängel sollten zu der ärztlichen Behandlung veranlasst werden, eine entsprechende physiotherapeutische oder psychologische Behandlung aufzusuchen; hier kann schlussendlich entschieden werden, ob der Schüler vom Sportunterricht befreit wird oder nicht. Weiterhin sollte der Sportlehrer ein Attest beantragen, um von der Benotung dieser Schüler befreit zu werden, denn eine Benotung der Leistungen dieser Schüler erweist sich als äußerst schwierig.

2) Schüler mit generellen Leistungsschwächen lassen sich nochmals in zwei Subkategorien untergliedern. Dies sind zum einen körperlich zurückgebliebene, kleine und schwächliche Schüler („...kann mit den anderen nicht mithalten"), zum anderen große, schlaksige Schüler, zudem noch motorisch unbeholfen und ungeschickt („...kommt auf keinen grünen Zweig"). Da es sich meistens um gutwillige und unauffällige Schüler handelt, sollte bei der Benotung entsprechend beachtet werden, allerdings nur im Rahmen der gebotenen Objektivität. Weiterhin sollte der Sportlehrer diesen Schülern deutlich machen, dass sich ihre Schwächen mit zunehmendem Alter zwar bessern werden, sie aber auch durch regelmäßiges Sporttreiben den Abstand zu den Mitschülern verkleinern können. Ein wichtiger Punkt, der den Schülern auch

bewusst gemacht werden sollte, ist die Tatsache, dass sich koordinative Defizite zwar durch viel Fleiß beheben lassen, die Fortschritte jedoch nur auf einen bestimmten Bereich beschränkt bleiben.

3) Partielle Leistungsschwächen können verschiedene Ursachen haben. So finden sich neben konstitutionellen Faktoren (große Abweichungen in Größe und Gewicht von der Norm) und genetisch bedingten physiologischen Faktoren (Muskelstruktur und Reaktionsfähigkeit) auch zivilisatorisch bedingte Defizite (Haltungsschäden, Defizite im Kraft- und Ausdauerbereich).

Für die sportliche Leistung spielen Größe und Gewicht eine entscheidende Rolle. Der Sportlehrer sollte den Schülern also erklären, dass sich eine überdurchschnittliche Größe in den meisten Sportarten positiv auswirkt. Hohes Körpergewicht hingegen bringt viele Nachteile mit sich, ist in den meisten Fällen aber leistungsneutral. Weiterhin sollte den Schülern verdeutlicht werden, dass die Bandbreite des Schulsports ausgleichend wirkt.

Hinsichtlich der physiologischen Faktoren ist zu beachten, dass vor allem Schnelligkeits- und Schnellkraftfähigkeiten eine große Rolle für die sportliche Leistungsfähigkeit spielen; diese Fähigkeiten sind, ebenso wie Kraft- und Ausdauerfähigkeiten, in gewissem Maße trainierbar. Der Sportlehrer sollte demnach die Schüler anhalten, gerade diese Fähigkeiten zu verbessern.

Zu den zivilisatorisch bedingten Defiziten bleibt zu sagen, dass sie bei einem Großteil der heutigen Schüler vorhanden sind, gerade in der gleichmäßigen Ausbildung der Rumpf- und Oberkörpermuskulatur sowie in der allgemeinen und speziellen Ausdauer. Ein körper- und bewegungsbildendes Grundlagentraining hilft hier, schwächere Schüler zu fördern; es sollte jedoch über die gesamte Schullaufbahn angelegt sein.

4) Die letzte Gruppe, nämlich sportlich gute Schüler mit gespaltenem Leistungsbild, zeichnet kein körperliches Defizit aus; es handelt sich hier um ein emotionales Problem. Herausragende Leistungen in bestimmten Teildisziplinen des Sports veranlassen diese Schüler, sich „ auf den Lorbeeren auszuruhen. Der Sportlehrer sollte hier am Grundsatz: „Wer in der Breite besser ist, hat auch die bessere Note verdient"

2.2 Didaktische Folgerungen

Was die Behandlung und Betreuung leistungsschwacher Schüler anbelangt, findet in der Literatur kaum Berücksichtigung; sowohl die spezielle methodische Literatur als auch die verschiedenen Lehrpläne sind mehr auf Fertigkeiten und die Frage, wie sie zu vermitteln sind, ausgerichtet. Dort, wo es nötig wäre, Elementares zu vermitteln, denn hier sind oft die Schwächen zu suchen, finden sich oft nur Anleitungen und Übungen zu komplexen Bewegungsausführungen.

Deshalb sollte nach Söll und Kern (1999, S.169) „mehr Nachdruck auf die Entwicklung und Verbesserung der körperlichen, d.h. konditionellen und koordinativen Fähigkeiten gelegt werden, als dies gemeinhin geschieht".

Die Autoren sprechen hier von Grundlagentraining, Körperbildung und Konditionsschulung, die die Kluft zwischen sportlich besseren und schlechteren Schülern verringern soll. Zu nennen wären hier grundsätzliche Fähigkeiten wie Laufen, Springen, Werfen und Fangen, aber auch koordinativ anspruchsvollere Übungen wie etwa Hangeln, Klettern und Balancieren. Desweitern finden sich in jeder Sportart eine Vielzahl von Basiselementen, die eine erhebliche körper- und konditionsschulende Wirkung besitzen, sofern sie immer wieder und vor allem auch regelmäßig in den Sportunterricht integriert werden.

Bezüglich der Belastungsparameter sehen die Autoren auch Verbesserungsbedarf, denn es fehle „oft an der trainingswirksamen Intensität der Belastung" einerseits als auch an der Wiederholungszahl andererseits. So ist es wesentlich sinnvoller, das ganze Schuljahr durch zu Laufen als nur einmal pro Jahr auf Zeit; dies ist natürlich auch auf alle anderen Disziplinen übertragbar wie etwa Werfen und Springen. Ebenso wäre eine höhere Anzahl der Wiederholungen sinnvoll, etwa beim Korbleger, aber auch bei turnerischen Elementen.

2.3 Programm für didaktisches Handeln

In dem Zeitschriftenbeitrag „Schwache Schüler im Sportunterricht" haben Hartmann und Odey ein Programm für didaktisches Handeln entwickelt, das auf drei Ebenen ansetzt und diese Ebenen nacheinander schwerpunktmäßig berücksichtigt.

Auf der ersten Ebene steht die Vermeidung von Diskriminierung leistungsschwacher Schüler. Dies geschieht durch das Anbieten von Inhalten, bei denen für fast alle Schüler gleiche Ausgangsvoraussetzungen vorliegen. Auf besonders schwierige Sportformen sollte grundsätzlich verzichtet werden. Auch ein übertriebener Wettbewerb trägt nur unnötig zur Diskriminierung der leistungsschwächeren Schüler bei; vielmehr sollten Wettkampfformen bevorzugt werden, bei denen die Einzelleistung nicht sichtbar ist. Weiterhin sollte der Sportlehrer auf Leistungsdruck und Auslese verzichten.

Die zweite Ebene sieht eine Kompensation von grundlegenden Defiziten der Leistungsschwächeren vor.

Auf der dritten Ebene wird schließlich eine gemeinsame Handlungsfähigkeit bei allen Interaktionspartnern entwickelt.

Dieses Programm für didaktisches Handeln ist jedoch nur mit einer grundsätzlichen konzeptionellen Veränderung des traditionellen Sportunterrichts realisierbar. Der Sportunterricht und auch der Sport im allgemeinen, der auf die Handlungsintention „Überbieten" ausgerichtet ist, muss sich zu einem Sportunterricht entwickeln, bei dem die Freude aus dem Erlebnis sinnlicher Erfahrung und gesellig-kommunikativen Handelns entsteht.

Literaturverzeichnis

Bringmann, W. (1976). Möglichkeiten zur besseren Einbeziehung sportschwacher Schüler in den Sportunterricht. *Theorie und Praxis der Körperkultur, 25* (10), 773-776.

Brodtmann, D. (1979). *Sportunterricht und Schulsport: Ausgewählte Themen der Sportdidaktik.* Bad Heilbrunn: Klinkhardt.

Michaelis, K. & Hennersdorf, H.J. (1980). Erfahrungen und Erkenntnisse bei der Förderung leistungsschwächerer Schüler durch didaktische Differenzierung. *Körpererziehung, 30* (5), 212-221.

Götze, H. & Blum, E. (1972). Zurückgebliebene Schüler fördern. *Körpererziehung, 22* (5), 229-232.

Größing, S. (1981). *Einführung in die Sportdidaktik.* Bad Homburg: Limpert.

Groetefent, R. (1969). Das Problem der Leistungsschwachen im Sportunterricht. *Leibeserziehung, 3*, 80.

Hartmann, H./Odey, R.(1977). Schwache Schüler im Sportunterricht. *Sportpädagogik, 1*(4), 406-424.

Hempfer, P. (1973). Der Leistungsschwache Schüler im Sportunterricht. *Sportunterricht, 22* (5), 157-160.

Rijsdorp, K. (1983). Anthropologisch-pädagogische Perspektiven zum leistungsschwachen Kind in der Schule. In H. Lutter & R. Röthig (Hrsg.), *Das Leistungsschwache Kind im Schulsport.* Schorndorf: Hofmann.

Rusch, H. & Weineck, J. (1998). *Sportförderunterricht.* Schorndorf: Hofmann.

Söll, W. & Kern, U. (1999). *Alltagsprobleme des Sportunterrichts.* Schorndorf: Hofmann.